VIE DES SAINTS
DE LA PROVINCE DE BORDEAUX

14 Janvier

SAINT HILAIRE

Docteur de l'Église, Évêque et patron du diocèse de Poitiers
308-368

PAR

L'Abbé Léon DUBOIS
Curé de Villejésus
(Charente)

L'auteur déclare vouloir se conformer à la Bulle d'Urbain VIII.

2e BIOGRAPHIE

ANGOULÊME
E. CONSTANTIN, Éditeur.

1902

VIE DES SAINTS
DES TROIS ORDRES SÉRAPHIQUES

TRAVAIL ENCOURAGÉ
PAR QUATRE CARDINAUX, UNE QUINZAINE D'ÉVÊQUES OU ARCHEVÊQUES,
LES TROIS RR[mes] MINISTRES GÉNÉRAUX DES TROIS BRANCHES SÉRAPHIQUES
LES MINISTRES PROVINCIAUX DE PARIS, TOULOUSE ET BELGIQUE
Mgr RESSÉS, VICAIRE GÉNÉRAL DE PÉRIGUEUX, PRÉLAT ROMAIN
LE T. R. P. DOMINIQUE, SUPÉRIEUR GÉNÉRAL DES PÈRES TERTIAIRES RÉGULIERS DE FRANCE
LE T. R. P. MARIE-ANTOINE, LE R. P. LIBERT, F. M. CAPUCIN
ET PAR D'AUTRES HAUTS PERSONNAGES.

LISTE DES VIES QUI ONT PARU :

PREMIÈRE SÉRIE

1. Sainte Marguerite de Cortone.
2. Saint Louis, roi de France.
3. Sainte Elisabeth de Hongrie.
4. St Séraphin de Monte-Granaro.
5. Sainte Rose de Viterbe.
6. Saint Antoine de Padoue.
7. Saint Roch de Montpellier.
8. Sainte Claire d'Assise.
9. Sainte Elisabeth, reine de Portugal.
10. Saint Jean-Baptiste de la Salle.
11. Saint François d'Assise.
12. Saint Joseph de Copertino.
13. Saint Bonaventure.

DEUXIÈME SÉRIE

1. B[se] Delphine de Glandèves.
2. Sainte Véronique Giuliani.
3. Sainte Colette.
4. B. Bonaventure de Potenza.
5. Bienheureuse Jeanne - Marie de Maillé.
6. B. Jean de Parme.
7. Saint Laurent de Brindes.
8. Saint Ferdinand III, roi de Castille et de Léon.
9. Saint Félix de Cantalice.
10. Ste Hyacinthe de Mariscotti.
11. Saint Elzéar de Sabran.
12. Saint Joseph de Léonisse.
13. B[se] Angèle de Foligno.

TROISIÈME SÉRIE

1. Saint Jacques de la Marche.
2. Bienheureux Bernardin de Feltre.
3. Saint Bernardin de Sienne.
5. Sainte Catherine de Bologne.
4. Saint Jean-Joseph de la Croix.
6. Saint Pierre Régalat.
7. Saint Fidèle de Sigmaringen.
8. Bienheureuse Baptiste Varani.
9. Sainte Jeanne de Valois.
10. Bienheureux Thomas de Florence.
11. Bienheureuse Isabelle de France.
12. Saint Yves de Bretagne.
13. Vénérable Jeanne d'Arc.

QUATRIÈME SÉRIE

1. Saint François Solano.
2. Vénérable Vianney, curé d'Ars.
3. Saint Didace d'Alcala.
4. Saint Pascal Baylon.
5. B[se] . Viridiane.
6. B[se]. Jeanne de Signa.

CINQUIÈME SÉRIE

Vie des Saints de la Province de Bordeaux.

1. Saint Front, évêque de Périgueux.
2. Saint Hilaire, évêque de Poitiers.

VIE DES SAINTS
DE LA PROVINCE DE BORDEAUX

PAR

L'abbé DUBOIS

CURÉ DE VILLEJÉSUS (CHARENTE)

DEUXIÈME BIOGRAPHIE

14 JANVIER

SAINT HILAIRE

DOCTEUR DE L'ÉGLISE, ÉVÊQUE ET PATRON DU DIOCÈSE DE POITIERS

308-368

§ I

Naissance d'Hilaire. — Il se convertit au christianisme. — Motif de sa conversion.

Hilaire, l'Athanase de l'Occident, naquit vers l'an **308**, à Poitiers, selon les uns, à Cléré (Maine-et-Loire), selon les autres. Appartenant à l'une des plus illustres familles des Gaules, il s'appliqua, dès sa jeunesse, aux belles-lettres et à l'étude de l'éloquence.

Nous apprenons de lui-même qu'il fut élevé dans les superstitions du paganisme et que Dieu le conduisit par degré à la connaissance de la vérité. Les simples lumières de la raison lui découvrirent d'abord que l'homme, ayant été créé libre, n'était placé dans le monde que pour y pratiquer la patience, la tempérance et les autres vertus, et que, s'il répondait à sa destination, il ne pouvait manquer d'être récompensé, après cette vie, par un Être suprême. Il se mit à rechercher la nature de cet Être suprême. Le résultat de toutes ses recherches fut que le polythéisme renfermait mille absurdités, qu'il ne pouvait y avoir qu'un Dieu, et que ce Dieu était essentiellement éternel, immuable, tout puissant, et la cause première de tous les êtres.

Plein des réflexions que faisait son esprit, il lut l'Ecriture Sainte, et fut vivement frappé de ces paroles : *Je suis celui qui suis*, paroles dont Dieu se servit pour faire entendre à Moïse qu'il puisait l'être dans sa propre essence. Son admiration s'accrut encore par l'idée que lui donnèrent les prophètes de l'immensité et de la toute puissance de Dieu, et par les images sublimes sous lesquelles ils représentent ces deux attributs.

De la lecture de l'Ancien Testament, Hilaire passa à celle du Nouveau. Il apprit dans le premier chapitre de saint Jean, que le Verbe Divin, Dieu et Fils, est coéternel et consubstantiel à son Père. Il soumit son entendement à une révélation fondée sur la véracité de Dieu même, et adora les Mystères augustes dont la profondeur était infiniment au-dessus des faibles lumières de sa raison. Tels furent les moyens dont la grâce se servit pour amener cette belle âme à la foi. Hilaire, ayant trouvé la vérité qu'il cherchait avec tant de droiture, se hâta de recevoir le sacrement de baptême. On ignore quel âge il avait alors, mais on sait qu'il était marié et qu'il avait une fille nommée Abre (on dit aussi Abra et Apre), dont nous parlerons plus tard. On peut présumer qu'il avait une trentaine d'années.

§ II

Conduite édifiante d'Hilaire après son baptême. — Les plus fortes objections contre la foi ne l'embarrassent pas.

Dès qu'Hilaire eut été régénéré dans les eaux du baptême, il parut un homme tout nouveau. Toute son application fut de régler sa conduite selon les maximes de l'Evangile et les enseignements de l'Eglise. Tout laïque qu'il était, on l'aurait pris pour un prêtre et même pour un évêque, tellement sa vie était régulière et austère. Animé d'une foi vive, il s'efforçait de la communiquer aux autres ; il faisait craindre à ceux-ci les châtiments réservés à leurs péchés ; il excitait ceux-là par la promesse du royaume céleste.

Les difficultés qu'il rencontrait dans les Saintes Ecritures ne l'effrayaient pas. Le fini ne peut comprendre l'infini, se disait-il, l'imparfait ne peut comprendre le parfait. Or ma raison est bornée, mon intelligence est imparfaite, comment pourrai-je pénétrer les secrets de Dieu dont la puissance et la perfection sont sans borne.

Un exemple fera parfaitement saisir comment il foulait aux pieds les prétentions de la raison, lorsqu'elle a envie de s'élever contre la foi. L'Evangile lui apprend que Jésus-Christ, est entré, les portes étant fermées, dans une chambre où ses disciples étaient assemblés. Comment cela a-t-il pu se faire, se demande-t-il à lui-même ? Est-ce que Jésus-Christ n'avait pas de corps ? Est-ce que les murailles avaient perdu leur impénétrabilité ? Il se répond : Je suis un ignorant, je me contente de croire les choses telles qu'elles se sont passées et telles que l'Evangile les raconte. O rationaliste, ne me demandez pas l'explication des faits, je ne suis pas capable de vous la donner. Le rôle de votre raison, c'est de vous informer si réellement ces faits ont eu lieu, s'ils sont bien contenus dans le saint Evangile, s'ils ont été révélés. Renseigné sur ces points, vous n'avez plus qu'à vous taire et à dire humblement : je crois. Comment Jésus-Christ a-t-il pu s'y prendre pour entrer avec son corps dans un appartement, sans que les portes se soient ouvertes ? Que vous importe de le savoir ? c'est son affaire et non la vôtre. Il fait tant de choses que vous ne comprenez pas. Est-ce que vous oseriez dire que Dieu ne peut faire que ce que vous comprenez ?

Remarquons en deux mots que, par la seule raison, un homme intelligent arrive à découvrir l'existence d'un Être suprême, créateur et maître absolu de toutes choses ; qu'il arrive aussi à découvrir l'existence de la révélation et d'une autorité compétente pour l'expliquer. Après cela, il peut chercher à se rendre compte par la raison des dogmes que la Sainte Eglise enseigne, mais les difficultés qu'il rencontre pour tout expliquer, ne sauraient ébranler sa foi. Il doit se dire : Telle est la vérité, si je ne comprends pas comment cela peut être, c'est uniquement parce que mon intelligence est trop imparfaite. Ce que l'Eglise enseigne est incontestable, ce qui est inexplicable n'est pas contre ma raison, mais au-dessus de ma raison.

§ III

Hilaire est élu évêque de Poitiers. — Les premières années de son épiscopat. — Il prêche. — Il prie. — Il écrit. — Ses sentiments sur l'épiscopat.

Hilaire donnait avec sa femme et sa fille Abre l'exemple de toutes les vertus, lorsque l'évêque de Poitiers, saint Maixent, frère de saint Maximin de Trèves, étant décédé en 353, le peuple et le clergé le choisirent pour le remplacer. Ce père de famille était loin de s'attendre à cette dignité ; aussi fit-il tous ses efforts pour décliner cet honneur dont il se croyait indigne et n'accepta-t-il la charge épiscopale que pour faire la volonté de Dieu. A cette époque, vu l'insuffisance des ouvriers évangéliques, on élevait assez souvent au sacerdoce, et même à l'épiscopat, des hommes mariés, mais alors l'époux et l'épouse devaient se séparer et vivre dans une perpétuelle continence.

Après son sacre, Hilaire ne se regarda plus que comme l'homme de Dieu. Il prêcha la doctrine évangélique avec un zèle infatigable. Grand nombre de pécheurs, touchés de ses discours entraient dans de vifs sentiments de componction et renonçaient à leurs désordres. Cependant il ne se livrait pas aux fonctions extérieures au point de négliger sa propre sanctification. Il avait ses heures marquées pour la prière, et c'était dans ce saint exercice qu'il ranimait sans cesse sa ferveur et qu'il obtenait les bénédictions abondantes que Dieu répandait sur ses travaux. Il savait prêcher et prier à temps ; il savait aussi écrire quand il le fallait ; sa plume fut surtout consacrée à défendre le dogme contre les attaques des Ariens.

Il considérait l'évêque comme le prince parfait de l'Eglise lequel doit posséder dans leur perfection les sciences et les vertus. Dans un évêque, disait-il, la sainteté ne suffit pas sans la science et la science ne suffit pas non plus sans la sainteté. Il est institué pour instruire le peuple, comment l'instruira-t-il s'il est lui-même ignorant ? A quoi serviront ses belles instructions, si elles ne sont pas en harmonie avec sa conduite ?

§ IV

Hilaire commence à combattre les Ariens. — Son dévouement à l'Eglise. Sa requête à l'empereur Constance. — Il se sépare des évêques ariens. — Il est exilé.

Les Ariens, après avoir fortement sapé la doctrine de Jésus-Christ en Orient, sous la protection de l'empereur Constance, qu'ils flattaient et faisaient mouvoir à leur gré, voulurent en faire autant en Occident. En 353 l'année même que saint Hilaire fut élevé sur le siège de Poitiers, ils tinrent un concile à Arles sous la présidence de Constance ; deux ans après, ils en tinrent un autre à Milan. Ils avaient déjà gagné à leur cause Ursace de Singidou, Valens de Mursie, et surtout Saturnin, évêque d'Arles ; cet homme corrompu dans l'esprit et dans les mœurs, emporté, factieux qui tyrannisait les Gaules par tous les moyens de terreur dont Constance lui laissait la disposition. Leur but était de détruire la foi de Nicée, qui affirmait la divinité de Jésus-Christ, de faire souscrire à l'hérésie arienne et de sanctionner la condamnation à l'exil de saint Athanase. C'était révoltant, néanmoins quelques évêques, soit qu'ils fussent trompés, soit qu'ils cédassent à la crainte, soit qu'ils tinssent trop aux faveurs impériales, entrèrent dans les vues de Constance, de Saturnin, de Valens et d'Ursace.

Saint Hilaire s'indigna et résolut de tout sacrifier, comme saint Athanase, pour la conservation du dépôt de la foi en Occident. Notre saint eut pu vivre en repos dans son diocèse de Poitiers, au milieu de tous les avantages de la faveur impériale. Il n'avait qu'à se taire et laisser à d'autres le soin de défendre la vérité évangélique. Certainement, Constance, voyant son mérite, l'aurait comblé d'honneurs et lui aurait accordé tout ce qu'il aurait voulu. Mille prétextes se seraient offerts pour justifier son silence auprès de ses diocésains. Mais cet éminent prélat avait l'amour de l'Eglise dans son cœur et il n'hésita pas un seul instant sur le parti qu'il avait à prendre. Il dit résolument : « J'adhère à la foi de Nicée, je repousse la société des méchants ; quand même ils m'offriraient tous les biens, jamais je ne serai avec eux. Tous les maux devraient-ils fondre sur moi que toujours je combattrai l'hérésie et les hérétiques ».

Pour mieux plaider la cause de la foi orthodoxe, notre Saint s'adressa d'abord à Constance. Dans sa requête, il lui demande d'accorder aux catholiques la liberté de pratiquer leur religion avec leurs évêques. Il démontre que l'empereur n'a à craindre d'eux aucune sédition ; il prouve que les Ariens seuls troublent la paix par les violences qu'ils emploient pour soutenir leurs erreurs. Les catholiques, dit-il en substance, sont loin de vouloir se révolter ; ils demandent seulement qu'on leur rende leurs évêques exilés et qu'il soit permis à chacun d'entendre la parole de Dieu de qui il voudra. Les convictions religieuses, ajoute-t-il, ne s'imposent pas. Si le souverain voulait recourir à la force pour établir la véritable religion, comme on le fait pour établir l'arianisme, les évêques catholiques l'en détourneraient. Ils lui diraient que Dieu est le maître de l'Univers, qu'il n'a pas besoin d'une croyance forcée et qu'il ne veut point une soumission n'ayant pour principe que la violence.

Cette requête ne fut pas prise en considération. Cependant elle ne fut pas entièrement inutile car Constance porta la loi qu'on renverrait à leurs confrères les causes des évêques, et défendit de les traduire devant les tribunaux séculiers.

Hilaire et la plupart des évêques des Gaules, dont il était l'âme, se séparèrent ostensiblement de la communion de Saturnin, d'Ursace et de Valens. En même temps, ils accordèrent à ceux qui étaient entrés dans le parti de ces Ariens le pardon de leur faute, pourvu qu'ils s'en repentissent et que l'indulgence qu'il leur accordait, fût approuvée par les confesseurs exilés pour la foi.

Saturnin et ceux de sa faction, approuvés par Constance ne pouvant souffrir de se voir flétris par un décret que les évêques des Gaules avaient rendu public, les obligèrent de se trouver à un concile (il serait plus juste de dire conciliable), qu'ils tinrent à Béziers en 356 sous la présidence croit-on de l'évêque Saturnin ! Saint Hilaire s'y rendit avec son intrépidité ordinaire, et, dans cette assemblée d'ennemis et d'Ariens, il offrit de réfuter, séance tenante et de vive voix, leurs erreurs. Mais les hérétiques qui craignaient de se voir publiquement confondus, ne voulurent pas lui donner la parole.

Saturnin envoya à Constance une fausse relation de ce qui s'était passé dans ce conciliabule ; en même temps, il accusa Hilaire d'un grand crime, d'une action indigne, non seulement d'un évêque, mais encore d'un laïque de bonnes mœurs.

Les historiens ne s'expliquent pas davantage sur la nature de ce prétendu crime. L'empereur qui ne demandait pas mieux que d'avoir une occasion de sévir contre l'évêque de Poitiers, commanda à son fils Julien (plus tard Julien l'Apostat), de l'exiler en Phrygie ainsi que saint Rhodane, évêque de Toulouse. C'était l'année 356. Rhodane mourut en exil et Hilaire, du fond de la Phrygie, continua d'administrer son diocèse par l'entremise de prêtres auxquels il déléguait ses pouvoirs. Les évêques des Gaules continuèrent aussi à le regarder comme leur chef.

§ V

Grand triomphe des Ariens. — Les ennemis de l'Eglise croyaient la tenir sous leur puissance. — Dieu la sauve par les moyens qu'on prenait pour la ruiner. — La Providence suscite un grand nombre de saints.

En ce moment, l'Eglise catholique paraissait sur le bord de l'abîme. Ses plus illustres pontifes, y compris le pape saint

Libère, étaient exilés. Aux yeux des Ariens qui niaient la divinité du Verbe, l'Epouse de Jésus-Christ n'était qu'une institution humaine, dont ils s'étaient emparés et qu'ils voulaient gouverner à leur façon. Il leur fallait trouver un chef pour la soutenir. Ce fut l'empereur qui se fit le suprême évêque de l'Empire et le juge de la foi. Cet étrange pape choisissait lui-même les pontifes pour les principaux sièges ; ceux-ci, à leur tour, pourvoyaient aux moins importants. Outre que ces évêques n'étaient pas canoniquement élus, ils n'avaient rien d'évangélique. Ils ne regardaient le pontificat que comme une position honorable et lucrative. On le voit, le péril était grand.

Humainement parlant, c'en était fait de l'Eglise de Jésus-Christ. Mais ce que Dieu garde est bien gardé ; toutes les ruses et toutes les cruautés des Ariens tournèrent contre eux. Tant d'évêques bannis, et ceux-là même qui étaient le plus en réputation de sainteté, discréditèrent l'arianisme et ses fauteurs. Les prélats exilés regardaient leur exil comme un apostolat. Partout où ils passaient, dans les villes comme dans les provinces, quoiqu'ils fussent dans les chaînes, ils prêchaient la vraie foi et anathématisaient l'hérésie arienne. Plus le lieu du bannissement était loin, plus s'augmentaient la sympathie pour les persécutés et la haine contre les persécuteurs. Le voyage seul des proscrits était une prédication contre les impiétés des disciples d'Arius. Quiconque les voyait passer, les admirait comme des confesseurs de la foi, et abhorrait leurs adversaires comme des bourreaux et des meurtriers.

Si nombreux que fussent les individus affectés de l'arianisme, la masse des fidèles restait intacte. Dans chaque paroisse, ils conservaient la foi reçue, attendaient leurs docteurs et fuyaient la doctrine anti-chrétienne comme un serpent. Lorsqu'un évêque ou un prêtre arien prêchait, il n'en résultait pas toujours autant de mal qu'on aurait pu le croire. Même les sectaires les plus emportés osaient rarement énoncer sans détour leurs impiétés personnelles du haut de la chaire. Rusés politiques comme ils étaient pour la plupart, ils parlaient du fils de Dieu en général, et le peuple entendait leurs paroles dans le sens catholique. De pareils pasteurs étaient personnellement très éloignés de la véritable Eglise, et néanmoins les ouailles lui étaient fidèles.

Saint Hilaire tient à ce sujet ce beau langage qui prouve parfaitement que Dieu sait conserver dans le bon chemin les âmes droites, quoique leurs guides s'en écartent : « Cette du- « plicité impie à prêcher autrement qu'on ne pense, est cause « que, sous les évêques de l'Antéchrist, le peuple du Christ « ne périt point, persuadé qu'il est que les mots ont leur sens « naturel. Les fidèles entendent dire que le Christ est Dieu, et « ils croient qu'il est ce qu'on le nomme. Ils l'entendent appe- « ler fils de Dieu, et ils croient que, par là même, il est vrai « Dieu. Ils entendent dire qu'il est avant tous les temps, et « ils pensent que cela veut dire éternel. Les oreilles du peu- « ple sont plus saintes que les cœurs des évêques. »

En outre, les évêques ariens se rendaient odieux aux fidèles et même aux païens, par leurs cruautés, leurs abus du pouvoir et leur servilisme envers l'empereur, auquel ils donnaient les noms flatteurs d'Eternel, de Très Pieux, d'Auguste, de Victorieux, de Vénérable. Entrés dans la bergerie, non par la porte, mais par effraction, comme des voleurs, ces intrus s'aliénaient en général l'esprit des peuples. Ils ne regardaient pas les fidèles comme leurs brebis, mais presque comme des esclaves. Forts de la protection de Constance, ils ne craignaient pas de violer les règles de la justice, quand il y allait de leur intérêt. Ainsi il arrivait le contraire de ce qu'on attendait ; les hérétiques au lieu de faire aimer leur erreurs, les rendaient détestables à l'égal de leurs personnes.

Ajoutez à cela que ce fut dans le temps même de leur bannissement que les évêques écrivirent avec plus de zèle et le force pour la défense de la doctrine catholique.

Disons encore que Notre Seigneur, qui ne veut pas que les portes de l'Enfer prévalent contre son Eglise, suscita une foule de saints pour la défendre par leurs paroles, leurs exemples et leurs plumes. Sans compter notre grand saint Hilaire, nommons entre autres, saint Martin, saint Jérôme, saint Augustin, saint Rhodane, saint Libère, saint Damase, saint Basile, saint Grégoire de Naziance, saint Ephrem, saint Ambroise, saint Cyrille de Jérusalem, saint Epiphane, saint Antoine l'ermite, saint Eusèbe, évêque de Verceil, et saint Hilarion.

§ VI

Joie d'Hilaire en se voyant condamné à l'exil. — Triste état de la Phrygie et des environs. — L'exilé compose un beau livre sur la Trinité.

Dans la défense de la foi, en ce temps malheureux, deux hommes se distinguèrent particulièrement : saint Athanase en Orient et saint Hilaire en Occident. Ce dernier partit pour le lieu de son exil vers le milieu de l'année 356, témoignant beaucoup d'allégresse d'avoir été jugé digne de souffrir quelque chose pour Jésus-Christ. Jamais on ne l'entendit se plaindre de ses persécuteurs, ni des fatigues inséparables de ce long voyage.

Il se réjouissait de voir s'accomplir en lui la parole de l'Apôtre : « Il viendra un temps où l'on ne pourra supporter la vraie doctrine. » Que mon exil dure toujours, disait-il, pourvu que la vérité soit prêchée. Les ennemis de la vérité peuvent bien exiler ses défenseurs, mais la vérité elle-même, ils ne l'exileront jamais. En exilant mon corps, ils ont pu enchaîner mes mains et mes pieds, mais ils n'ont pas enchaîné la parole de Dieu. Si je suis trop loin de mon troupeau pour lui parler de ma propre bouche, je n'en suis pas moins évêque de mon Eglise. La distance ne m'empêche pas d'être en relation et en communion avec les évêques des Gaules ; du fond de la Phrygie, j'exerce toujours mon ministère à Poitiers ; je distribue toujours la communion à mes diocésains par les mains de mes prêtres. On se trompe, si on croit m'avoir imposé silence ; je parlerai par des livres et la parole de Dieu parviendra jusqu'à la dernière de mes brebis.

Cependant la belle âme d'Hilaire fut vivement affligée en voyant le triste état, sous le rapport religieux, de la Phrygie et des contrées environnantes. Il nous assure dans un de ses livres qu'il trouva à peine, dans les provinces où on l'avait rélégué, un évêque qui connût Dieu et conservât quelque reste de la vraie foi. Pour remédier à un si grand mal, il usa de beaucoup de ménagement dans les écrits qu'il composa, craignant que s'il y mettait plus de force, on ne l'attribuât plutôt au dépit qu'à l'amour de la vérité. Tout en se tenant ferme dans la véritable doctrine, il posait en principe qu'il ne fallait rejeter aucun accommodement, ni aucun moyen licite de pacifier les choses. Il poussait la condescendance jusqu'à saluer le premier les hérétiques et à parler avec eux.

Le premier ouvrage que le saint Docteur composa dans son exil fut son traité de la Trinité. Il est divisé en douze livres. L'auteur y prouve de la manière la plus solide la consubstantialité du Père, du Fils et du Saint-Esprit. Il enseigne que l'Eglise est une, et que tous les hérétiques sont hors de son sein, qu'elle est distinguée de leurs différentes sectes, en ce que, conservant toujours son unité elle les combat et les confond toutes. quoique seule contre elles; qu'elle trouve la matière de ses plus beaux triomphes dans les divisions perpétuelles qui règnent entre les partisans de l'erreur.

Il fait voir ensuite que l'arianisme ne peut être la vraie doctrine, puisqu'il n'a point été révélé à saint Pierre choisi pour être le fondement inébranlable de l'Eglise jusqu'à la consommation des siècles, à saint Pierre dont la foi est indéfectible, parce que Jésus-Christ a prié pour qu'elle ne faillît jamais, à saint Pierre qui a reçu les clefs du royaume du Ciel, et dont Dieu ratifie les jugements quoique, portés sur sur la terre.

Le dogme de la divinité de Jésus-Christ est aussi traité avec une supériorité de lumière qui ne laisse aucun subterfuge aux Ariens.

§ VII

Saint Hilaire compose un autre livre sur les Synodes. — Il écrit une lettre admirable à sa fille Abre.

En 358, les évêques des Gaules et de la Bretagne écrivirent à l'illustre exilé pour lui demander des renseignements sur la foi des fidèles de l'Orient et lui apprendre qu'ils avaient séparé Saturnin de leur communion, adhérant ainsi à l'exemple qu'il leur avait donné le premier. Ce fut pour ce cœur si énergique et si fidèle un sujet de profonde joie. Pour répondre à la lettre de ces vénérables Pontifes, le savant Prélat composa un livre sur les Synodes et le leur envoya.

Le but de cet ouvrage était d'expliquer aux évêques des Gaules les termes dont les Ariens se servaient, et de marquer toutes les variations de leurs doctrines dans les différents synodes qu'ils avaient tenus depuis le concile de Nicée en 325. Il s'efforçait aussi de prouver que quelquefois les dissentiments entre la foi des Orientaux et des Occidentaux, n'étaient que dans les mots. Il ne faut pas supprimer une bonne expression, dit-il, à cause du mauvais sens qu'on peut lui donner, autrement il faudrait supprimer les divines Ecritures elles-mêmes, puisque les hérétiques en abusent. Qu'importe d'employer un terme ou un autre, pourvu que le sens catholique soit en sûreté.

Notre Saint était encore en Phrygie, lorsqu'il apprit que sa fille Abre, qu'il avait laissée dans les Gaules, pensait à se

marier. Il eût mieux aimé apprendre qu'elle voulait passer toute sa vie dans la virginité, état plus parfait que le mariage. Il demanda pour elle cette grâce à Notre-Seigneur Jésus-Christ et sa prière fut exaucée. Il écrivit à sa fille une lettre, où il lui exprimait que, si elle était assez généreuse pour ne pas désirer un époux mortel, des habits magnifiques et tout ce qui flatte la vanité des mondains, elle recevrait du divin Sauveur une perle infiniment précieuse, dont elle ne pouvait même se former une idée. « Pourriez-vous, lui disait-il ensui-
« te, désapprouver mes sentiments et l'envie que j'ai de vous
« voir conserver l'inestimable trésor de la virginité ? Je ne
« veux que votre bonheur et votre plus grand avantage. »
Néanmoins, il la laisse parfaitement libre d'embrasser la carrière qu'elle voudra. Abre suivit les sages conseils de son père, renonça au mariage, s'attacha à Jésus seul et mourut saintement entre les bras de celui qui la dirigeait si bien, comme nous le dirons au paragraphe onzième.

§ VIII

Conciles de Rimini et de Séleucie. — Hilaire baptise sainte Florence. —

Deux conciles se tinrent en 359, dans des vues perfides. L'un à Rimini en Italie, pour les Occidentaux, au mois de juin; l'autre, au mois de septembre, pour les Orientaux, à Séleucie en Isaurie. Rien de plus irrégulier que ces conciles, et encore quelques-uns avaient presque la prétention de les regarder comme des conciles généraux. Ils sont convoqués, non par le Pape, mais par l'empereur et quel empereur ! Un empereur qui n'est pas même chrétien, qui n'est pas même baptisé, qui n'est qu'un catéchumène et un triste catéchumène. Ce triste catéchumène pose en principe que c'est à lui à gouverner tout à la fois l'Eglise et l'empire, et qu'il n'y a pas d'autre loi que sa volonté. De concert avec les Ariens qui le flattent et le meuvent à leur gré, il a déjà prescrit de quoi on s'occupera et de quoi on ne s'occupera pas dans ces assemblées. Afin que ses ordres soient bien exécutés, il députe à Rimini son préfet Taurus pour diriger le concile. A Séleucie, il envoie deux commissaires ; l'un doit être le modérateur du concile, l'autre, à la tête d'une troupe de soldats, doit lui prêter main forte, si besoin en est.

Saint Hilaire assista au concile de Séleucie, composé d'environ cent-soixante évêques, dont dix-neuf ariens, cent cinq semi-ariens, et trente-six catholiques. Les semi-ariens de cette époque étaient presque dans la vérité. Ils reconnaissaient que le Fils de Dieu est semblable au Père en substance ; ils reconnaissaient le symbole de Nicée en tout et trouvaient seulement à redire au terme de consubstantiel. Saint Hilaire et saint Athanase les regardaient comme des frères avec lesquels on était d'accord pour le fond, et en dispute seulement pour un mot.

A Rimini se trouvèrent assemblés plus de quatre cents évêques, dont quatre-vingts seulement étaient ariens. Notez que dans le monde entier il y avait plus de mille évêques. Les disciples d'Arius étaient donc bien peu nombreux, comparés au reste de la chrétienté. S'ils faisaient tant de bruit, s'ils bouleversaient la société, il faut l'attribuer, non à leur nombre, mais à leurs ruses, à leur audace, à leur esprit sectaire, et surtout à la protection de l'empereur qu'ils tenaient entre leurs mains.

Arrivé à Séleucie, notre Saint reçut bon accueil et attira l'attention de tout le monde. On lui demanda tout d'abord quelle était la croyance des Gaulois, car les Ariens faisaient courir le bruit qu'ils ne connaissaient la Trinité que dans le nom, comme Sabellius. Il expliqua sa foi conforme au concile de Nicée, et rendit aux Occidentaux le témoignage qu'ils professaient la même croyance. Ayant ainsi levé tous les soupçons, il fut admis au concile.

Il eut la douleur d'entendre sortir des blasphèmes de la bouche des Ariens qui osaient dire que rien ne pouvait être semblable à la substance de Dieu, qu'il ne pouvait y avoir en Dieu de génération..., que Jésus-Christ était une créature, qu'il était tiré du néant, et par conséquent ni Dieu, ni semblable à Dieu. On lut publiquement l'extrait d'un sermon prononcé à Antioche par l'évêque intrus Eudoxe et contenant ces abominations : « Dieu était ce qu'il est, il n'est point « père, par ce qu'il n'a point de fils, car s'il avait un fils, il « faudrait aussi qu'il eût une femme. »

Les catholiques et les semi-ariens condamnèrent ces insanités; déposèrent neuf évêques ariens, rétablirent saint Cyrille de Jérusalem sur son siège, et firent sacrer évêque le prêtre Anian pour remplacer, à Antioche, l'intrus Eudoxe. Mais les Ariens s'emparèrent de ce digne prélat et le livrèrent aux commissaires de l'empereur qui l'envoyèrent en exil. Les évêques catholiques protestèrent en vain contre cet abus de la force. Ainsi se termina, d'après Rohrbacher, le fameux concile de Séleucie. Nous disons d'après Rohrbacher, car d'autres auteurs racontent ces faits un peu différemment. Nous avons mis ce qui nous a paru le plus conforme à l'histoire.

Pendant qu'Hilaire se rendait à Séleucie pour le concile, il s'arrêta, un dimanche, dans une petite ville que les historiens ne nomment pas, et entra dans l'église catholique, à l'heure où le peuple y était assemblé. Tout à coup une jeune fille nommée Floreuce, voyant dans notre saint quelque chose de divin, se lève, va droit à lui, se jette à ses pieds, lui demande sa bénédiction et le baptême. Sans doute qu'elle devait être déjà catéchumène. Peu de jours après, elle fut baptisée avec son père, sa mère et toute sa famille. Plus tard, quand le noble persécuté revint en France, Florence le suivit et devint, sous sa sage direction, une véritable sainte. On célèbre sa fête à Poitiers le premier décembre.

§ IX

Concile de Constantinople. — Hilaire fait deux demandes à l'empereur. — Il n'est exaucé ni pour l'une ni pour l'autre.

Les Ariens, battus à Séleucie, en appelèrent à Constance et allèrent le trouver à Constantinople où il était. Quoi de plus anti-évangélique ! C'est comme si Notre Seigneur avait dit à ses Apôtres : Lorsque vous serez embarrassés sur quelque point de la doctrine que je vous ai enseignée, allez demander la solution, non à Pierre et à ses successeurs, mais aux Césars. Les évêques catholiques et semi-ariens se rendirent aussi auprès de l'empereur, non pour partager leur servitude mais pour justifier les mesures qu'ils avaient prises à Séleucie et défendre la vérité. Saint Hilaire tenait à savoir ce qu'on ferait de sa personne, car tous les regards étaient fixés sur lui et on s'imaginait presque que ce n'était pas un homme comme les autres.

Les Ariens de Rimini vinrent se joindre à ceux de Séleucie. Ces hérétiques, se voyant en nombre dans la capitale même d'un empire qui mettait son glaive et ses tortures à leur disposition, crurent l'occasion favorable de tenir un concile de leur façon. C'était au commencement de l'année 360. On y traita de la foi et on l'ébranla jusque dans ses fondements. Heureusement le grand saint Hilaire était là.

Cet intrépide champion de la vérité adresse immédiatement, une requête à l'empereur. Dans cette requête il se justifie des accusations portées contre lui, il établit l'autorité de l'Eglise et demande deux choses. Premièrement, de conférer avec l'auteur de son exil, Saturnin, évêque d'Arles, qui était accouru à Constantinople. Il laisse à l'empereur le choix du lieu et la manière dont se devra faire cette conférence. Secondement, il prie l'empereur de lui accorder une audience, dans laquelle il lui soit permis de traiter de la foi selon les Ecritures, en sa présence, devant le concile et à la vue de tout le monde. « Je le demande, dit-il, non pas tant « pour moi que pour vous et pour l'Eglise de Dieu... Souve- « nez-vous qu'il n'y a point d'hérétique qui ne prétende que « sa doctrine ne soit conforme aux divines Ecritures ».

Puis, parlant des variations continuelles des Ariens, il raille finement cette multitude de symboles contradictoires qu'ils forgent sans cesse pour le besoin de leur cause.

« L'année dernière, dit-il, ils en ont produit quatre ; la foi « n'est plus la foi des Évangiles, mais la foi des temps, ou « plutôt il y a autant de sortes de foi que de volontés... Les « Ariens font paraître tous les ans, et même tous les mois, de « nouveaux symboles pour détruire les anciens et anathémati- « ser ceux qui y adhèrent... Ils ne parlent que d'Ecriture et « de foi apostolique, mais c'est pour tromper les faibles et « donner atteinte à la doctrine de l'Eglise ».

Il indique ensuite le remède à cette plaie par une belle comparaison. Quand un vaisseau est sur mer, dit-il en substance, et qu'il s'élève une violente tempête, le plus sûr moyen de se sauver est de rentrer dans le port. Faisons de même. Ces diverses formules de foi ont soulevé une tempête parmi nous, le plus sûr moyen de retrouver le calme est de rentrer dans le port de la foi en laquelle nous avons été baptisés.

Les Ariens n'osèrent accepter le défi du grand athlète et l'empereur ne lui accorda rien.

§ X

Hilaire écrit un livre fort énergique contre les Ariens. — On le fait passer pour un semeur de discorde et on le chasse de l'Orient.

Notre Saint, voyant que les Ariens et l'empereur s'endurcissaient dans l'hérésie, écrivit contre eux un livre fort énergique. Dans ce livre, il exhorte d'abord les catholiques à la persévérance et leur recommande de tout sacrifier pour Jésus-Christ. Puis, s'adressant, tantôt à Constance, tantôt à ses partisans, tantôt aux catholiques, il dit de terribles vérités. Voici en résumé le langage qu'il tient:

Il est temps de parler, puisque le temps de se taire est passé. Attendons le Christ, puisque l'Antéchrist domine... Sacrifions nos vies pour nos ouailles, parce que les loups sont entrés dans la bergerie et que le lion furieux tourne à l'entour. Allons au martyre, car l'ange de Satan s'est transformé en ange de lumière. Entrons par la porte, car personne ne va au Père si ce n'est par le Fils. Que les faux prophètes se réjouissent de leur paix; c'est en temps d'hérésie et de schisme que se manifestent les vrais et les faux serviteurs de Dieu. Supportons courageusement une tribulation, telle qu'il n'y en a pas eu depuis l'origine du monde, mais sachons que les jours en seront abrégés à cause des élus.

Bienheureux qui aura persévéré jusqu'à la fin. Ne craignons pas celui qui peut tuer le corps, mais n'a aucun pouvoir sur l'âme. Craignons celui qui peut précipiter le corps et l'âme en enfer. Mourons avec le Christ, afin de régner avec le Christ. Se taire plus longtemps serait lâcheté et non modération; il n'y a pas moins de péril à se taire toujours qu'à ne se taire jamais. Je n'ai jamais rien dit ni écrit de ce que méritait cette cabale, qui se disait alors faussement l'Église de Dieu, et qui, maintenant est la synagogue de Satan...

Oh ! si le Dieu tout-puissant de l'univers, Père de Notre-Seigneur Jésus-Christ, m'avait donné de le confesser, lui et son Fils unique, aux temps des Néron et des Dèce, soutenu par l'Esprit-Saint, je n'aurais pas craint les tortures... Contre des ennemis avoués, j'aurais combattu avec bonheur, sachant que c'étaient des persécuteurs qui contraignaient à l'apostasie par le fer et par le feu. Mais maintenant nous avons à combattre contre un persécuteur qui trompe, contre un ennemi qui flatte, contre l'antéchrist Constance..., il n'emprisonne pas..., il ne torture pas..., il ne tranche pas la tête avec le glaive, mais il tue l'âme avec l'or... Il ne menace pas publiquement du feu, mais en secret il allume l'Enfer. Il évite le combat de peur d'être vaincu, mais il flatte pour dominer... Il confesse le Christ, mais c'est pour le nier. Il honore les pontifes, afin qu'ils cessent d'être évêques... Il bâtit des églises et ruine la foi...

Saint Jean-Baptiste disait à Hérode : « Il ne t'est pas permis de faire ceci » ... Je dis hautement à toi, Constance, ce que j'aurais dit à Néron, à Dèce et à Maximin : « Tu combats » contre Dieu, tu sévis contre l'Eglise, tu persécutes les » saints, tu hais les prédicateurs du Christ, tu anéantis la » religion ; tu te fais tyran, non pas dans les choses humai- » nes, mais dans les choses divines. »... Voilà ce que je vous aurais dit à tous, à toi et à eux. Ecoute maintenant ce qui t'est propre.

Chrétien par le masque, tu es un nouvel ennemi du Christ ; précurseur de l'Antéchrist, tu en opères le mystère d'iniquité. Allant contre la foi, tu en dresses des formules ; ignorant ce qui est saint, tu enseignes ce qui est profane. Tu distribues en dons des évêchés aux tiens. Tu remplaces les bons évêques par des méchants ; tu emprisonnes les prélats qui te déplaisent ; tu fais avancer tes armées pour jeter la terreur dans l'Eglise. Tu assembles de force des conciles, et tu pousses les Occidentaux, de la foi à l'impiété ; tu les enfermes dans une même ville, tu les épouvantes par les menaces, les épuises par la faim, les accables par le froid, et les corromps par l'hypocrisie. Par tes artifices, tu nourris les dissensions des Orientaux. Par un triomphe nouveau de l'astuce, tu persécutes sans faire des martyrs. Tu ne laisses pas seulement à ceux que tu fais tomber l'excuse de pouvoir montrer au souverain juge les cicatrices de leurs corps, afin de toucher sa miséricorde...

Le plus méchant des mortels !... Tu hais, mais ne veux pas qu'on t'en soupçonne : tu mens sans qu'on s'en aperçoive ; tu caresses sans honte ; tu fais ce que tu veux sans te faire connaître. Avec l'or de la république, tu ornes le sanctuaire de Dieu ; tu offres au Seigneur ce que tu enlèves aux temples, ce que tu extorques par les proscriptions. Tu reçois les évêques par le même baiser que le Christ a été trahi ; tu inclines la tête pour recevoir leur bénédiction, en même temps tu lèves le pied pour écraser leur foi. Tu remets les impôts comme César pour inviter les chrétiens à l'apostasie ; tu relâches ce qui est à toi, afin qu'on perde ce qui est à Dieu.

C'est avec cette vigueur que saint Hilaire parle à Constance. Il aurait pu lui reprocher des faits plus infamants, par exemple le meurtre de ses proches, mais il s'en abstient par respect pour le pouvoir temporel dont il est revêtu. Tout son but est de convaincre le public que l'empereur, loin d'être le protecteur de la religion, ainsi qu'il aime à le dire, ne l'est que de l'hérésie, et qu'il faut se tenir en garde contre lui.

On ne sait pas si Constance eut connaissance de cet écrit ; ce qu'on sait, c'est que les prélats de cour persuadèrent à l'empereur de se débarrasser de l'auteur, dont, à leur dire, l'esprit brouillon troublait la paix. En conséquence, le saint évêque fut chassé de l'Orient, mais on lui permit de revenir dans les Gaules. Toutefois on ne révoqua pas la sentence par laquelle il était exilé ; on ne voulut pas paraître avoir reconnu son innocence.

Il faut avouer que des hommes de la trempe d'Hilaire embarrassent fameusement les despotes et leurs courtisans. Rien de plus digne d'admiration que cet intrépide docteur, dont la lumière et la fermeté deviennent plus gênantes dans l'exil que sur son siège épiscopal.

§ XI

Saint Hilaire, revenant dans les Gaules, chasse les serpents de l'île Gallinaria. — Joie des fidèles à son retour. — Il ressuscite un enfant mort. — Décès de sa femme.

Quittant l'Orient, notre Saint était content de pouvoir retourner au milieu de ses ouailles de Poitiers, cependant il s'affligeait en voyant que le martyre qu'il espérait, lui avait échappé. Passant par l'île Gallinaria, appelée aujourd'hui l'île *Isoletta d'Albenga*, il la délivra des serpents fort vénimeux et très nombreux qui la rendaient inhabitable. Ayant planté son bâton en terre, il leur commanda de ne pas dépasser cette borne. Ils obéirent si bien qu'on n'en vit plus.

Il n'est pas aisé de décrire avec quelle allégresse, le saint prélat fut reçu dans les Gaules, l'an 360, après trois ans et demi d'exil. Non seulement à Poitiers, mais partout, on fit des fêtes magnifiques en son honneur. Dieu ajouta à l'éclat de ses fêtes par un grand miracle. Un enfant étant mort sans baptême, le Saint, touché des larmes de ses parents, le ressuscita et lui procura tout à la fois la vie de l'âme et du corps.

Voici deux autres prodiges, moins éclatants, mais non moins dignes de remarque. La jeune Abre, fille d'Hilaire, s'était conservée dans la virginité. Son père, dans l'excès de sa joie, fit à Dieu cette prière, ou du moins l'équivalente : « Merci, mon dieu, d'avoir si bien conservé la pureté de « cette âme ; si jamais cette belle fleur devait se flétrir, mettez-« la plutôt dans votre Paradis ». Cette prière achevée, Abre s'endormit doucement dans le Seigneur. Son père eut la consolation de lui fermer les yeux, d'ensevelir son corps et d'envoyer cet ange au ciel. l'Eglise de Poitiers honore Abre comme une sainte, et en célèbre la fête le 13 décembre.

La femme d'Hilaire qui vivait encore, jalouse pour ainsi dire du bonheur de sa fille et brûlant de la revoir, pria son saint mari de lui obtenir la même faveur. Hilaire y consentit et eut la joie, plutôt que la douleur, de se voir précéder dans la céleste patrie par les deux plus chers objets de son amour. Ainsi s'aiment les saints. Ils veulent les uns pour les autres le vrai bien qui est la gloire éternelle.

§ XII

Par les soins d'Hilaire un concile se tient à Paris. — L'exécrable Saturnin est excommunié.

Les églises des Gaules avaient bien besoin de la présence d'Hilaire. Beaucoup d'évêques, même parmi les plus saints, s'étaient laissés surprendre au concile de Rimini et avaient signé des formules de foi qu'on pouvait entendre dans un sens arien. Ils étaient si nombreux que lorsqu'on s'aperçut de cette méprise, l'univers, d'après l'expression hyperbolique de saint Jérôme, gémit et s'étonna de se trouver tout entier arien. Oui, l'expression de saint Jérôme est une véritable hyperbole. Comme nous l'avons dit au paragraphe huitième de cette brochure, il y avait dans le monde entier plus de mille évêques, quatre cent seulement assistèrent au conciliabule de Rimini et tous ne signèrent pas les formules à double sens. Par conséquent. le monde entier n'était pas tombé, même involontairement, dans l'hérésie.

Par les soins d'Hilaire, un concile se tint à Paris en 361. On y rétablit la foi de l'Eglise dans sa pureté. La plupart des évêques qui avaient été trompés, intimidés ou gagnés momentanément à l'arianisme, reconnurent humblement leur faute et la réparèrent. Saturnin, évêque d'Arles, fut déposé, après avoir été convaincu de plusieurs crimes, outre celui d'hérésie. Tout rentra dans l'ordre, et le grand Hilaire mérita en cette circonstance les titres de *Sauveur et de Père de la Patrie.* On n'eut plus à craindre les persécutions des Ariens qui, par la mort de Constance arrivée le 3 novembre 361, perdirent leur principal appui.

§ XIII

Hilaire rétablit la pureté de la foi en Italie.—On le chasse de Milan.

Après avoir rétabli la foi catholique dans les Gaules, notre Saint passa en Italie en 364 pour délivrer cette contrée du fléau de l'hérésie. Secondé par saint Eusèbe, évêque de Verceil, et par Philastrius de Brescia, il vint à bout de délivrer toutes ces contrées des ténèbres de l'erreur.

Cependant, à Milan, l'échec fut complet. La vérité catholique, il est vrai, gagna du terrain, mais on ne rendit pas hommage au zèle de l'homme de Dieu. Après une discussion publique avec Auxence qui avait usurpé le siège de cette ville, l'hérésiarque, se voyant confondu, présenta une profession de foi équivoque. L'empereur Valentinien, successeur de Constance, paraissait assez bien disposé pour arrêter les persécutions des Ariens, mais il ne comprit pas les ruses de l'usurpateur et le crut vraiment catholique.

Saint Hilaire démontra qu'Auxence était un fourbe, qui

dissimulait ses vrais sentiments. Malgré la vigueur de ses raisonnements, on s'obstina à croire aux bonnes intentions de l'intrus. Bien plus, les ennemis de l'Eglise dépeignirent Hilaire comme un semeur de discorde, et l'empereur lui commanda de sortir de Milan.

§ XIV

Dernières années d'Hilaire. — Sa mort. — Son culte. — Ses reliques. — Elles se placent d'elles-mêmes à l'endroit préparé pour les recevoir.

Notre Saint, revenu à Poitiers, l'an 364, se livra, corps et âme, jusqu'à sa mort au soin de son troupeau. Pour instruire ses ouailles, il composa un commentaire des psaumes, dans lequel il développe tout à la fois la lettre et l'esprit, le sens historique et le sens allégorique. D'après son propre aveu, Dieu lui donna des lumières toutes particulières pour l'exécution de ce travail. Il exhortait beaucoup les fidèles à chanter les psaumes avec la plus belle harmonie, afin qu'ils trouvassent, dans ces chants et les saintes cérémonies de l'Eglise, les délassements et le plaisir que d'autres vont chercher dans les spectacles et les vaines réjouissances du monde.

Enfin, vint le moment où notre saint, plein de jours et de mérites, devait recevoir la récompense de son dévouement et de ses fatigues. Saint Maternien, évêque de Reims, qui, depuis longtemps, désirait voir cet intrépide défenseur de la foi, en fut averti par révélation et accourut à Poitiers. Les fidèles, apprennant que leur évêque était malade, s'attroupaient autour de sa maison et demandaient avec anxiété des nouvelles de sa santé. Ils se lamentaient avec raison de la perte dont ils étaient menacés.

Près du lit de l'illustre mourant, deux de ses disciples, les prêtres saint Just et saint Lienne priaient agenouillés et dérobaient leurs larmes aux regards de leur père bien aimé. De temps à autre, le malade s'informait d'eux si les rassemblements duraient toujours. A minuit, on lui dit que tout le monde s'était retiré, et à l'instant, une lumière éblouissante entoura son lit. Les deux disciples en furent d'abord comme aveuglés, mais insensiblement la lumière perdit de son éclat et disparut entièrement une demi-heure après. Alors le saint qui allait atteindre sa soixantième année, rendit son âme à Dieu, probablement le 13 janvier de l'année 368.

Le corps du saint évêque, que Dieu honora par une foule de prodiges, fut déposé dans un tombeau de marbre, entre sa femme et sa fille, dans la basilique de saint Jean et de saint Paul, hors les murs de Poitiers. Cette église fut complètement détruite au cinquième siècle, par les Vandales et les Goths, et le saint corps resta longtemps oublié sous les décombres. Mais en 507, lorsque le premier roi chrétien des Francs, Clovis, marchait avec son armée pour combattre l'arien Alaric, roi des Goths, il vit un globe de feu, s'élevant des ruines de l'église, où reposait saint Hilaire, lequel globe s'avançait vers lui.

Clovis, comprit par là que le Pontife qui avait terrassé l'hérésie de son vivant, allait lui servir d'auxiliaire contre les bataillons hérétiques, d'autant plus qu'une voix avertissait le guerrier catholique de se hâter et d'engager la bataille dès qu'il aurait prié dans ce saint lieu. Le succès couronna si bien les efforts de l'époux de Clotilde qu'avant la troisième heure du jour, il avait remporté une complète victoire.

Quelque temps après, saint Hilaire apparut au saint abbé du monastère de Poitiers, nommé Fridolin, et lui recommanda de faire bâtir avec le secours du roi de France et de l'évêque de la ville un nouveau sépulcre pour y transporter son corps. L'abbé obéit. Quand le sépulcre fut prêt, on déblaya, et lorsqu'on ouvrit la crypte où se trouvaient les reliques, il en sortit une brillante lumière et une odeur des plus suaves. Puis, le saint corps, se dressant de lui-même, alla se placer tout seul à l'endroit où on le destinait. Dans le Diocèse de Poitiers. on célèbre la fête de saint Fridolin, le 6 mars.

Vers le dixième siècle, les Normands s'étant emparés de la ville de Poitiers, brûlèrent l'église de saint Hilaire, qui contenait les reliques de notre saint, lesquelles furent endommagées. Pour les soustraire dans la suite aux profanations, on les transporta au Puy-en-Velay, où elles restèrent oubliées pendant six à sept cents ans.

En 1655, l'évêque du Puy envoya au chapitre de saint Hilaire de Poitiers le bras gauche du saint, dont on détacha une petite partie pour en faire cadeau à Pie IX, lorsque ce saint Pape le mit au rang des Docteurs. En 1823, une portion du crâne de l'illustre pontife fut remise à l'évêque de Poitiers. On la conserve fort religieusement dans la cathédrale de ce diocèse, et on la laisse exposée à la vénération des fidèles pendant toute l'octave de la fête de saint Hilaire. D'autres parcelles sont honorées dans diverses paroisses.

Dans toute l'Eglise on célèbre la fête de saint Hilaire, le 13 ou le 14 janvier.

On invoque ce saint pour être préservé de la morsure des serpents, et on le représente avec les attributs d'un évêque, écrasant ces reptiles.

Saint Hilaire, évêque de Poitiers,
Priez pour nous.

SOURCES CONSULTÉES

Les Petits Bollandistes, Godescard, Rohrbacher, etc.

LETTRE DE SON EMINENCE LE CARDINAL RAMPOLLA

L'auteur, ayant envoyé au Saint-Père les deux premières séries de la Vie des Saints des trois ordres séraphiques, a reçu de son Eminence, le Cardinal Rampolla, la lettre suivante:

Très Estimée Madame,

Le Saint-Père a reçu les deux premières séries des Vies des Saints que vous publiez. Sa Sainteté n'a pu s'empêcher de reconnaître dans cette offrande un respectueux hommage de votre dévouement.

En vous remerciant par mon entremise, le Saint-Père vous a volontiers accordé la Bénédiction Apostolique.

Avec l'expression de ma propre reconnaissance pour l'exemplaire de ces Vies qui m'était destiné, recevez le témoignage de la considération distinguée avec laquelle je me reconnais votre très dévoué serviteur.

Card. Rampolla.

Rome, 12 novembre 1897.

ÉVÊCHÉ
D'ANGOULÊME

Angoulême, le 29 septembre 1901

Cher Monsieur le Curé,

Vous me demandez mon suffrage pour l'œuvre des Saints de la province de Bordeaux que vous entreprenez, et en particulier pour la vie de Saint-Front, premier évêque de Périgueux, qui ouvre la pieuse galerie de ce travail.

C'est bien volontiers que je vous le donne, car j'estime qu'à une époque où l'on vit plus que jamais en dehors du surnaturel, il est bon de l'affirmer en faisant connaître la vie de ces héros de la foi qui déborde de surnaturel.

En écrivant les Vies populaires de ces Saints qui prêchent par leurs vertus, vous faites une œuvre d'apostolat qui produira ses fruits.

Il me tarde que vous arriviez aux Saints dont notre Angoumois se glorifie, notre fierté charentaise s'en réjouira, pendant que notre piété y trouvera son profit.

Agréez, cher monsieur le Curé, avec mes encouragements, l'expression de mon meilleur dévouement en Notre-Seigneur.

† ERNEST
Evêque d'Angoulême

ÉVÊCHÉ
D'ANGOULÊME

Angoulême, le 15 Juin 1902.

Cher Monsieur le Curé,

Je viens de lire avec une pieuse avidité votre *Histoire de St-Hilaire*, et je ne puis que vous renouveler les encouragements que je vous ai déja donnés.

Les vies populaires des saints de notre province sont appelées à faire pénétrer partout le surnaturel, c'est assez pour que votre évêque vous remercie de les écrire.

Arrivez bientôt à nos biens aimés saints de l'Angoumois, nous sommes assez riches pour que vous puissiez trouver dans nos diptyques sacrés de nobles et belles figures qui feront rayonner la sainteté autour de nous.

Agréez, cher Monsieur le Curé, mes sentiments affectueusement dévoués.

† ERNEST
Evêque d'Angoulême

NOUVELLES RÉCRÉATIONS ENFANTINES

Par M. Berguin.

Recueil de fraîches et délicates fleurs d'un parfum très salutaire :

Nous irons les offrir un jour
Avec nos vœux et notre amour
A notre Père,
Qui porte un intérêt ardent
A notre cher petit arpent
De bonne terre !

(*Annales des Alpes*, 2e *année*, *p.* 215.)

L'unité : 0 fr. 35 ; *franco* : 0 fr. 40

VIE DES SAINTS DU DAUPHINÉ

Par l'Abbé CHAPUIS, Curé de Tréminis (Isère)

L'auteur, ayant montré à son évêque son premier travail a reçu de Sa Grandeur ce précieux encouragement :

BIEN CHER CURÉ,

Je bénis vos travaux de tout cœur.
Tout vôtre en Notre-Seigneur.

† AMAND-JOSEPH, *Év. de Grenoble*

ONT DÉJA PARU :

1. Saint Barnard, archevêque de Vienne.
2. Saint Hugues, évêque de Grenoble.
3. St Avit, archevêque de Vienne.
4. Saint Apollinaire, évêque de Valence.
5. Sainte Galle, vierge, de Valence.
6. Saint Arey, évêque de Gap.
7. Bse. Béatrix d'Ornacieux.
8. Ste Clotilde, reine de France.
9. Saint Pélade, archevêque d'Embrun.
10. Saint-Marcellin, archevêque d'Embrun.
11. Saint Domnin, évêque de Digne.
12. Saint Vincent, évêque de Digne.
13. Saint Clair.
14. Saint Jean de Matha.
15. Saint Vincent Ferrier.
16. Saint Bruno.
17. Saint Arnoux.
18. Saint Restitut.
19. Saint Just (ou saint Juste), mart.
20. Saint Sulpice.
21. Saint Eusèbe.
22. Saint Torquat.
23. Saint Paul.
24. Saint Boniface.
25. Saint Maximin.
26. Saint Amant (ou saint Amand ou saint Amance).
27. Saint Castorin.
28. Saint Michel.
29. Saint Martin-des-Ormeaux.
30. Saint Hugues d'Avalon.

L'unité : 0 fr. 20 ; *franco*, 0 fr. 25.
Le cent : 15 fr. ; *franco*, 16 fr.
Les cinquante : 8 fr. ; *franco*, 9 fr.
La douzaine : 2 fr. ; *franco*, 2 fr. 30

Si cette publication se continue, comme nous le croyons, elle deviendra d'un réel intérêt. Que le docte auteur cite, sommairement au moins, ses sources, et le travail sera parfait. (*Annales des Alpes* 1re *année*, *p.* 310).

Pour tous ces Ouvrages, s'adresser à M. VILLARD, rue Haxo, 4, à Grenoble ; ou à l'Imprimerie Notre-Dame des Anges, AUTUN (Saône-et-Loire).

Saint Front et *Saint Hilaire*, chez l'auteur.

IMP. L. COQUEMARD. — ANGOULÊME.

www.ingramcontent.com/pod-product-compliance
Ingram Content Group UK Ltd.
Pitfield, Milton Keynes, MK11 3LW, UK
UKHW020945220726
13924UKWH00002B/505

9 782019 961022